Sinal Verde

Recife - PE, 22 de julho de 20..

Sinal Verde

6-4-07-7.000-51.000 – Sob licença da Comunhão Espirita Cristã

Direção editorial: **Flávio Machado**

Assistente editorial: **Dirce Yukie Yamamoto**

Chefe de arte: **Marcio da Silva Barreto**

Capa e projeto gráfico: **Flávio Machado**

Diagramação: **Ricardo Brito**

Fotolito da capa: **Digigraphic**

Impressão: **SERMOGRAF – Artes Gráficas e Editora Ltda.**

Ficha catalográfica elaborada por
Lucilene Bernardes Longo – CRB-8/2082

Luiz, André (Espírito).
Sinal verde / pelo Espírito André Luiz ; psicografado pelo médium Francisco Cândido Xavier. – São Paulo : Petit, 2004.

ISBN 978-85-7253-115-3

1. Espiritismo 2. Psicografia 3. Mensagens I. Xavier, Francisco Cândido II. Título.

CDD: 133.9

Impresso no Brasil, no outono de 2007.

Prezado leitor(a),

Caso encontre neste livro alguma parte que acredita que vai interessar ou mesmo ajudar outras pessoas e decida distribuí-la por meio da internet ou outro meio, nunca deixe de mencionar a fonte, pois assim estará preservando os direitos do autor e conseqüentemente contribuindo para uma ótima divulgação do livro.

Sinal Verde

Pelo Espírito
André Luiz

Psicografado pelo médium
Francisco Cândido Xavier

petit editora

Rua Atuaí, 383/389 - Vila Esperança/Penha
CEP 03646-000 - São Paulo - SP
Fone: (0xx11) 6684-6000
Endereço para correspondência:
Caixa Postal 67545 - Ag. Almeida Lima
03102-970 - São Paulo - SP

www.petit.com.br
petit@petit.com.br

Sumário

Sinal Verde

Todos sabemos da necessidade de paz íntima – da paz que nos patrocina a segurança.

Não desconhecemos que todos respiramos num oceano de ondas mentais, com o impositivo de ajustá-las em benefício próprio.

Vasto mar de vibrações permutadas.

Emitimos forças e recebemo-las.

O pensamento vige na base desse inevitável sistema de trocas.

Queiramos ou não, afetamos os outros e os outros nos afetam, pelo mecanismo das idéias criadas por nós mesmos.

Daí o imperativo de compreensão, simpatia, aprovação e apoio de que todos carecemos, para que a tranqüilidade nos sustente o equilíbrio a fim de que possamos viver proveitosamente.

Instado por amigos, presentemente domiciliados na Terra, a escrever sobre o melhor processo de angariar vibrações favoráveis, de modo a que se lhes facilite a caminhada nas vias da reencarnação, André Luiz nos oferece este livro.

Fruto das observações de um companheiro desencarnado, hoje cultor da medicina do espírito, encontramos neste volume abençoada série de respostas a perguntas inarticuladas de quantos estagiam no internato da experiência física, indicando rumo certo na viagem do cotidiano. Livro comparável a precioso formulário de receitas preventivas na garantia da *saúde interior*. Ensaio de imunologia da alma. Vacinação espiritual contra a queda nos complexos de culpa, dos quais nunca se sabe com que espécie de angústia, desequilíbrio, doença ou depressão se vai sair.

Como atravessar as estradas do mundo, começando da própria casa, até as eminências das nossas relações uns com os outros, nas quais somos naturalmente induzidos às mais profundas observações para assumir atitudes certas? Como adquirir a paz necessária, a fim de vivermos servindo à utilidade e rendendo o bem, no bem de todos?

André Luiz recordou, com muita propriedade, as leis do trânsito que asseguram a ordem e a tranqüilidade nas rodovias do mundo, se devidamente respeitadas, e intitulou este livro com a expressiva legenda "Sinal Verde".

E lendo-lhes as páginas edificantes ser-nos-á fácil notar que em cada capítulo encontramos sinais de luz, descortinando-nos caminho claro, como a dizer-nos que se atacamos o princípio do *bem ao próximo tanto quanto desejamos o bem para nós mesmos*, podemos livremente seguir adiante, guiando o carro da nossa vida para os domínios da elevação e do progresso, em paz com os outros e com paz em nós próprios pela força inconspurcável da consciência tranqüila.

Emmanuel
Uberaba, 4 de agosto de 1971.

1
Ao levantar-se

Agradeça a Deus a bênção da vida, pela manhã.

Se você não tem o hábito de orar, formule pensamentos de serenidade e otimismo, por alguns momentos, antes de retornar às próprias atividades.

Levante-se com calma.

Se você deve acordar alguém, use bondade e gentileza, reconhecendo que gritaria ou brincadeiras de mau gosto não auxiliam em tempo algum.

Guarde para com tudo e para com todos a disposição de cooperar para o bem.

Antes de sair para a execução de suas tarefas, lembre-se de que é preciso abençoar a vida para que a vida nos abençoe.

2
Saudações

Toda saudação deve basear-se em pensamentos de paz e alegria.

Pense no seu contentamento quando alguém lhe endereça palavras de afeto e simpatia, e faça o mesmo para com os outros.

Mobilize o capital do sorriso e observará que semelhante investimento lhe trará precioso rendimento de colaboração e felicidade.

Uma frase de bondade e compreensão opera prodígios na construção do êxito.

Auxilie aos familiares com a sua palavra de entendimento e esperança.

Se você tem qualquer mágoa remanescendo da véspera, comece o dia, à maneira do Sol: esquecendo a sombra e brilhando de novo.

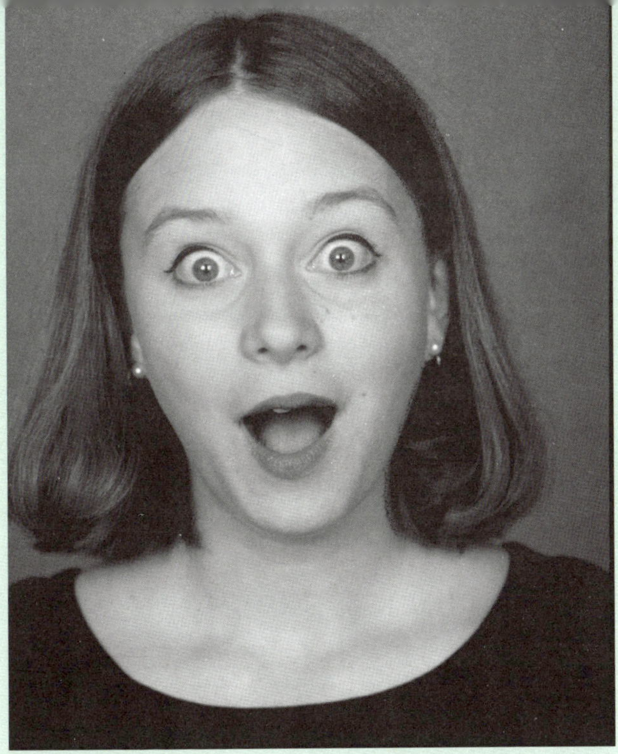

3

Nos domínios da voz

Observe como vai indo a sua voz, porque a voz é dos instrumentos mais importantes na vida de cada um.

A voz de cada pessoa está carregada pelo magnetismo dos seus próprios sentimentos.

Fale em tonalidade não tão alta que assuste nem tão baixa que crie dificuldade a quem ouça.

Sempre aconselhável repetir com paciência o que já foi dito para o interlocutor, quando necessário, sem alterar o tom de voz, entendendo-se que nem todas as pessoas trazem audição impecável.

A quem não disponha de facilidades para ouvir, nunca dizer frases como estas: "Você está surdo?", "Você quer que eu grite?", "Quantas vezes quer você que eu fale?" ou "Já cansei de repetir isso".

A voz descontrolada pela cólera, no fundo, é uma agressão e a agressão jamais convence.

Converse com serenidade e respeito, colocando-se no lugar da pessoa que ouve, e educará suas manifestações verbais com mais segurança e proveito.

Em qualquer telefonema, recorde que no outro lado do fio está alguém que precisa de sua calma, a fim de manter a própria tranqüilidade.

4

No recinto doméstico

Bondade no campo doméstico é a caridade começando de casa.

Nunca fale aos gritos, abusando da intimidade com os entes queridos.

Utilize os pertences caseiros sem barulho, poupando o lar a desequilíbrio e perturbação.

Aprenda a servir-se, tanto quanto possível, de modo a não agravar as preocupações da família.

Colabore na solução do problema que surja, sem alterar-se na queixa.

A sós ou em grupo, tome a sua refeição sem alarme.

Converse edificando a harmonia.

É sempre possível achar a porta do entendimento mútuo, quando nos dispomos a ceder, de nós mesmos, em pequeninas demonstrações de renúncia a pontos de vista.

Quantas vezes um problema aparentemente insolúvel pede tão-somente uma palavra calmante para ser resolvido?

Abstenha-se de comentar assuntos escandalosos ou inconvenientes.

Em matéria de doenças, fale o estritamente necessário.

Procure algum detalhe caseiro para louvar o trabalho e o carinho daqueles que lhe compartilham a existência.

Não se aproveite da conversação para entretecer apontamentos de crítica ou censura, seja a quem seja.

Se você tem pressa de sair, atenda ao seu regime de urgência com serenidade e respeito, sem estragar a tranqüilidade dos outros.

5

Entre cônjuges

Prossiga amando e respeitando os pais, depois da formação da própria casa, compreendendo, porém, que isso traz novas responsabilidades para o exercício das quais é imperioso cultivar independência, mas, a pretexto de liberdade, não relegar os pais ao abandono.

Não deprecie os ideais e preocupações do outro.

Selecione as relações.

Respeite as amizades do companheiro ou da companheira.

É preciso reconhecer a diversidade dos gostos e vocações daquele ou daquela que se toma para compartilhar-nos a vida.

Antes de observar os possíveis erros ou defeitos do outro, vale mais procurar-lhe as qualidades e dotes superiores para estimulá-los ao desenvolvimento justo.

Jamais desprezar a importância das relações sexuais com o respeito à fidelidade nos compromissos assumidos.

Não sacrifique a paz do lar com discussões e conflitos, a pretexto de honorificar essa ou aquela causa da Humanidade, porque a dignidade de qualquer causa da Humanidade começa no reduto doméstico.

Não deixe de estudar e aprimorar-se constantemente, sob a desculpa de haver deixado a condição de solteiro ou de solteira.

Sempre necessário compreender que a comunhão afetiva no lar deve recomeçar, todos os dias, a fim de consolidar-se em clima de harmonia e segùrança.

6

Experiência doméstica

Ordem, trabalho, caridade, benevolência, compreensão começam dentro de casa.

A parentela é um campo de aproximação, jamais cativeiro.

Aprendamos a ouvir sem interromper os que falam à mesa doméstica, a fim de que possamos escutar com segurança as aulas da vida.

O lar é um ponto de repouso e refazimento, nunca mostruário de móveis e filigranas, conquanto possa e deva ser enfeitado com distinção e bom gosto, tanto quanto possível.

Quem pratica o desperdício, não reclame se chegar à penúria.

Benditos quantos se dedicam a viver sem incomodar os que lhe compartilhem a experiência.

Evite as brincadeiras de mau gosto que, não raro, conduzem a desastre ou morte prematura.

O trabalho digno é a cobertura de sua independência.

Aconselhe a criança e ajude a criança na formação espiritual, que isso é obrigação de quem orienta, mas respeite os adultos em suas escolhas, porque os adultos são responsáveis e devem ser livres nas próprias ações, tanto quanto você deseja ser livre em suas idéias e empreendimentos.

Se você não sabe tolerar, entender, abençoar ou ser útil a oito ou dez pessoas do ninho doméstico, de que modo cumprir os seus ideais e compromissos de elevação nas áreas da Humanidade?

Muitos crimes e muitos suicídios são levados a efeito a pretexto de se homenagear carinho e dedicação ao mundo familiar.

7

Parentes difíceis

Aceite os parentes difíceis na base da generosidade e da compreensão, na certeza de que as Leis de Deus não nos enlaçam uns com os outros sem causa justa.

O parente-problema é sempre um teste com que se nos examina a evolução espiritual.

Muitas vezes a criatura complicada que se nos agrega à família, traz consigo as marcas de sofrimento ou deficiências que lhe foram impostas por nós mesmos em passadas reencarnações.

Não exija dos familiares diferentes de você um comportamento igual ao seu, porquanto cada um de nós se caracteriza pelas vantagens ou prejuízos que acumulamos em nossa própria alma.

Não tente se descartar dos parentes difíceis com internações desnecessárias em casas de repouso, à custa de dinheiro, porque a desvinculação real virá nos processos da natureza, quando você houver alcançado a quitação dos próprios débitos ante a Vida Maior.

Nas provações e conflitos do lar terrestre, quase sempre, estamos pagando pelo sistema de prestações, certas dívidas contraídas por atacado.

8
Ambiente caseiro

A casa não é apenas um refúgio de madeira ou alvenaria, é o lar onde a união e o companheirismo se desenvolvem.

A paisagem social da Terra se transformaria imediatamente para melhor se todos nós, quando na condição de espíritos encarnados, nos tratássemos, dentro de casa, pelo menos com a cortesia que dispensamos aos nossos amigos.

Respeite a higiene, mas não transfigure a limpeza em assunto de obsessão.

Enfeite o seu lar com os recursos da gentileza e do bom humor.

Colabore no trabalho caseiro, tanto quanto possível.

Sem organização de horário e previsão de tarefas, é impossível conservar a ordem e a tranqüilidade dentro de casa.

Recorde que você precisa tanto de seus parentes quanto seus parentes precisam de você.

Os pequeninos sacrifícios em família formam a base da felicidade no lar.

9
Apresentações

Em se vendo objeto de apresentação, não deve enunciar seus títulos e lances autobiográficos, mas se você apresenta alguém, é justo lhe decline o valor sem afetação.

Diante de algum apontamento desairoso para com os ausentes, recorde o impositivo do respeito e da generosidade para com eles.

Nunca impossível descobrir algo de bom em alguém ou em alguma situação para o comentário construtivo.

Qualquer criatura que se mostre necessitada de pedir-lhe um favor, é um teste para a sua capacidade de entendimento e para os seus dotes de educação.

Um mendigo é um companheiro no caminho a quem talvez amanhã tenhamos de solicitar apoio fraterno.

A criança desprotegida que encontramos na rua não é motivo para revolta ou exasperação, e sim um apelo para que trabalhemos com mais amor pela edificação de um mundo melhor.

Não adianta reprimenda para o irmão embriagado, uma vez que ele, por si mesmo, já se sabe doente e menos feliz.

Toda vez que você destaque o mal, mesmo inconscientemente, está procurando arrasar o bem.

Não critique, auxilie.

Para qualquer espécie de sofrimento é possível dar migalha de alívio ou de amparo, ainda quando semelhante migalha não passe do sorriso de simpatia e compreensão.

10

Na via pública

A rua é um departamento importante da escola do mundo, onde cada criatura pode ensinar e aprender.

Encontrando amigos ou simples conhecidos, tome a iniciativa da saudação, usando cordialidade e carinho sem excesso.

Caminhe em seu passo natural ou dentro da movimentação que se faça precisa, como se deve igualmente viver: sem atropelar os outros.

Se você está num coletivo, acomode-se de maneira a não incomodar os vizinhos.

Se você está de carro, por mais inquietação ou mais pressa, atenda às leis de trânsito e aos princípios do respeito ao próximo, imunizando-se contra males suscetíveis de lhe amargurarem por longo tempo.

Recebendo as saudações de alguém, responda com espontaneidade e cortesia.

Não detenha companheiros na via pública, absorvendo-lhes tempo e atenção com assuntos adiáveis para momento oportuno.

Ante a abordagem dessa ou daquela pessoa, pratique a bondade e a gentileza, conquanto a pressa, freqüentemente, esteja em suas cogitações.

Em meio às maiores exigências de serviço, é possível falar com serenidade e compreensão, ainda mesmo por um simples minuto.

Rogando um favor, faça isso de modo digno, evitando assovios, brincadeiras de mau gosto ou frases desrespeitosas, na certeza de que os outros estimam ser tratados com o acatamento que reclamamos para nós.

Você não precisa dedicar-se à conversação inconveniente, mas se alguém desenvolve assunto indesejável é possível escutar com tolerância e bondade, sem ferir o interlocutor.

Pessoa alguma, em sã consciência, tem a obrigação de compartilhar perturbações ou conflitos de rua.

Perante alguém que surja enfermo ou acidentado, coloquemo-nos, em pensamento, no lugar difícil desse alguém e providenciemos o socorro possível.

11
Comércio e intercâmbio

O Comércio é também uma escola de fraternidade.

Realmente, carecemos da atenção do vendedor, mas o vendedor espera de nós a mesma atitude.

Diante de balconistas fatigados ou irritadiços, reflitamos nas provações que, indubitavelmente, os constrange nas retaguardas da família ou do lar, sem negar-lhes consideração e carinho.

A pessoa que se revela mal-humorada, em seus contatos públicos, provavelmente carrega um fardo pesado de inquietação e doença.

Abrir caminho, à força de encontrões, não é só deselegância, mas igualmente lastimável descortesia.

Dar passagem aos outros, em primeiro lugar, seja no elevador ou no coletivo, é uma forma de expressar entendimento e bondade humana.

Aprender a pedir um favor aos que trabalham em repartições, armazéns, lojas ou bares, é obrigação.

Evitar anedotário chulo ou depreciativo, reconhecendo-se que as palavras criam imagens e as imagens patrocinam ações.

Zombaria ou irritação complicam situações sem resolver os problemas.

Quando se sinta no dever de reclamar, não faça de seu verbo instrumento de agressão.

O erro ou o engano dos outros talvez fossem nossos se estivéssemos nas circunstâncias dos outros.

Afabilidade é caridade no trato pessoal.

12
Perante os amigos

O amigo é uma benção que nos cabe cultivar no clima da gratidão.

Quem diz que ama e não procura compreender e nem auxiliar, nem amparar e nem servir, não saiu de si mesmo ao encontro do amor em alguém.

A amizade verdadeira não é cega, mas se enxerga defeitos nos corações amigos, sabe amá-los e entendê-los mesmo assim.

Teremos vencido o egoísmo em nós quando nos decidirmos a ajudar aos entes amados a realizarem a felicidade própria, tal qual entendem eles, deva ser a felicidade que procuram, sem cogitar de nossa própria felicidade.

Em geral, pensamos que os nossos amigos pensam como pensamos, no entanto, precisamos reconhecer que os pensamentos deles são criações originais deles próprios.

A ventura real da amizade é o bem dos entes queridos.

Assim como espero que os amigos me aceitem como sou, devo, de minha parte, aceitá-los como são.

Toda vez que buscamos desacreditar esse ou aquele amigo, depois de havermos trocado convivência e intimidade, estaremos desmoralizando a nós mesmos.

Em qualquer dificuldade com as relações afetivas é preciso lembrar que toda criatura humana é um ser inteligente em transformação incessante, e, por vezes, a mudança das pessoas que amamos não se verifica na direção de nossas próprias escolhas.

Quanto mais amizade você der, mais amizade receberá.

Se Jesus nos recomendou amar os inimigos, imaginemos com que imenso amor nos compete amar aqueles que nos oferecem o coração.

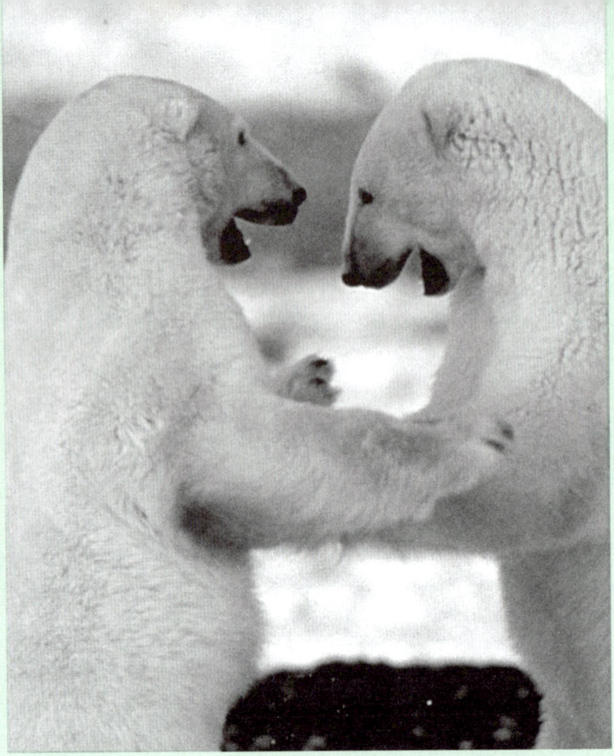

13
Antagonistas

O adversário em que você julga encontrar um modelo de perversidade talvez seja apenas um doente necessitado de compreensão.

Reconheçamos o fato de que, muitas vezes, a pessoa se nos torna indigna simplesmente por não nos adotar os pontos de vista.

Nunca despreze o opositor, por mais ínfimo que pareça.

Respeitemos o inimigo, porque é possível seja ele portador de verdades que ainda desconhecemos, até mesmo em relação a nós.

Se alguém feriu a você, perdoe imediatamente, frustrando o mal no nascedouro.

A crítica dos outros só poderá trazer-lhe prejuízo se você consentir.

A melhor maneira de aprender a desculpar os erros alheios é reconhecer que também somos humanos, capazes de errar talvez ainda mais desastradamente que os outros.

O adversário, antes de tudo, deve ser entendido por irmão que se caracteriza por opiniões diferentes das nossas.

Deixe os outros viverem a sua própria vida e eles deixarão você viver a existência de sua própria escolha.

Quanto mais avança, a ciência médica mais compreende que o ódio em forma de vingança, condenação, ressentimento, inveja ou hostilidade está na raiz de numerosas doenças e que o único remédio eficaz contra semelhantes calamidades da alma é o específico do perdão no veículo do amor.

14
Ante os pequeninos

A criança é uma edificação espiritual dos responsáveis por ela.

Não existe criança – nem uma só – que não solicite amor e auxílio, educação e entendimento.

Cada pequenino, conquanto seja, via de regra, um espírito adulto, traz o cérebro extremamente sensível pelo fato de estar reiniciando o trabalho da reencarnação, tornando-se, por isso mesmo, um observador rigorista de tudo o que você fala ou faz.

A mente infantil dar-nos-á de volta, no futuro, tudo aquilo que lhe dermos agora.

Toda criança é um mundo espiritual em construção ou reconstrução, solicitando material digno a fim de consolidar-se.

Ajude os meninos de hoje a pensar com acerto dialogando com eles, dentro das normas do respeito e da sinceridade que você espera dos outros em relação a você.

A criança é um capítulo especial no livro do seu dia-a-dia.

Não tente transfigurar seus filhinhos em bibelôs, apaixonadamente guardados, porque são eles espíritos eternos, como acontece a nós, e chegará o dia em que despedaçarão perante você mesmo quaisquer amarras de ilusão.

Se você encontra algum pirralho de maneiras desabridas ou de formação inconveniente, não estabeleça censura, reconhecendo que o serviço de reeducação dele, na essência, pertence aos pais ou aos responsáveis e não a você.

Se veio a sofrer algum prejuízo em casa, por depredações de pequeninos travessos, esqueça isso, refletindo no amor e na consideração que você deve aos adultos que respondem por eles.

15

Ver e ouvir

A visão e a audição devem ser educadas, tanto quanto as palavras e as maneiras.

Em visita ao lar de alguém, aprendamos a agradecer o carinho do acolhimento sem nos determos em possíveis desarranjos do ambiente.

Se ouvimos alguma frase imperfeitamente burilada na voz de pessoa amiga, apreciemos a intenção e o sentimento, na elevação que se articula, sem anotar-lhe o desalinho gramatical.

Veja com bondade e ouça com lógica.

Saibamos ver os quadros que nos cercam, sejam eles quais forem, sem sombra de malícia a tisnar-nos o pensamento.

Registrando anedotas inconvenientes, em torno de acontecimentos e pessoas, tenhamos suficiente coragem de acomodá-las no arquivo do silêncio.

Toda impressão negativa ou maldosa que se transmite aos amigos, em forma de confidência, é o mesmo que propinar-lhes veneno através dos ouvidos.

Em qualquer circunstância, é preciso não esquecer que podemos ver e ouvir para compreender e auxiliar.

16

Chefia e subalternidade

Não olvidar que o chefe é aquela pessoa que se responsabiliza pelo trabalho da equipe.

A melhor maneira de reverenciar a quem dirige, será sempre a execução fiel das próprias obrigações.

Quem administra efetivamente precisa da colaboração de quem obedece, mas se quem obedece necessita prestar atenção e respeito a quem administra, quem administra necessita exercer bondade e compreensão para quem obedece, a fim de que a máquina do trabalho funcione com segurança.

Orientar é devotar-se.

Aquele que realmente ensina é aquele que mais estuda.

Um chefe não tem obrigação de revelar ao subordinado os problemas que lhe preocupam o cérebro, tanto quanto o subordinado não tem o dever de revelar ao chefe os problemas que porventura carregue no coração.

17

Dever e trabalho

O compromisso de trabalho inclui o dever de associar-se a criatura ao esforço de equipe na obra a realizar.

Obediência digna tem o nome de obrigação cumprida no dicionário da realidade.

Quem executa com alegria as tarefas consideradas menores, espontaneamente se promove às tarefas consideradas maiores.

A câmara fotográfica nos retrata por fora, mas o trabalho nos retrata por dentro.

Quem escarnece da obra que lhe honorifica a existência, desprestigia a si mesmo.

Servir além do próprio dever não é bajular e sim entesourar apoio e experiência, simpatia e cooperação.

Na formação e complementação de qualquer trabalho, é preciso compreender para sermos compreendidos.

Quando o trabalhador converte o trabalho em alegria, o trabalho se transforma na alegria do trabalhador.

18
Em torno da profissão

A sua profissão é privilégio e aprendizado.

Se você puser amor naquilo que faz, para fazer os outros felizes, a sua profissão, em qualquer parte, será sempre um rio de bênçãos.

O seu cliente, em qualquer situação, é semelhante à arvore que produz, em seu favor, respondendo sempre na pauta do tratamento que recebe.

Toda tarefa corretamente exercida é degrau de promoção.

Em tudo aquilo que você faça, na atividade que o Senhor lhe haja concedido, você está colocando o seu retrato espiritual.

Se você busca melhorar-se, melhorando o seu trabalho, guarde a certeza de que o trabalho lhe dará vida melhor.

O essencial em seu êxito não é tanto aquilo que você distribui e sim a maneira pela qual você se decide a servir.

Ninguém procura ninguém para adquirir condenação ou azedume.

Sempre que alguém se queixe de alguém, está criando empeços na própria estrada para o sucesso.

Toda pessoa que serve além do dever, encontrou o caminho para a verdadeira felicidade.

19
Nos compromissos de trabalho

Nunca se envergonhe, nem se lamente de servir.

Enriquecer o trabalho profissional, adquirindo conhecimentos novos, é simples dever.

Colabore com as chefias através da obrigação retamente cumprida, sem mobilizar expedientes de adulação.

Em hipótese alguma diminuir ou desvalorizar o esforço dos colegas.

Jamais fingir enfermidades ou acidentes, principalmente no intuito de se beneficiar das leis de proteção ou do amparo a instituições securitárias, porque a vida costuma cobrar caro semelhantes mentiras.

Nunca atribua unicamente a você o sucesso dessa ou daquela tarefa, compreendendo que em todo trabalho há que considerar o espírito de equipe.

Sabotar o trabalho será sempre deteriorar o nosso próprio interesse.

Aceitar a desordem ou estimulá-la, é patrocinar o próprio desequilíbrio.

Você possui inúmeros recursos de promover-se ou de melhorar a própria área de ação, sem recorrer a desrespeito, perturbação, azedume ou rebeldia.

Em matéria de remuneração, recorde: quem trabalha deve receber, mas igualmente quem recebe deve trabalhar.

20
Obstáculos

Diante dos obstáculos, fazer o melhor e seguir para a frente.

Sempre desapontamos alguém e sempre alguém nos desaponta.

Assim como nem todos podem habitar o mesmo sítio, nem todos conseguem partilhar as mesmas idéias.

Nunca explodir, gritar, irar-se ou desanimar e sim trabalhar.

Depois de um problema, aguardar outros.

O erro ensina o caminho do acerto e o fracasso mostra o caminho da segurança.

Toda realização é feita pouco a pouco.

Nos dias de catástrofe, nada de cólera ou de acusação contra alguém, e sim a obrigação clara de repormos o comboio do serviço nos trilhos adequados e seguir adiante.

Quem procura o bem, decerto que há de sofrer as arremetidas do mal.

Plantar o bem, através de tudo e de todos, por todos os meios lícitos ao nosso alcance, compreendendo que, se em matéria de colheita Deus pede tempo ao homem, o homem deve entregar o tempo a Deus.

21

Assuntos de tempo

Se você já sabe quão precioso é o valor do tempo, respeite o tempo dos outros para que as suas horas sejam respeitadas.

Recorde-se de que se você tem compromissos e obrigações com base no tempo, acontece o mesmo com as outras pessoas.

Ninguém evolui, nem prospera, nem melhora e nem se educa, enquanto não aprende a empregar o tempo com o devido proveito.

Seja breve em qualquer pedido.

Quem dispõe de tempo para conversar sem necessidade, pode claramente matricular-se em qualquer escola a fim de aperfeiçoar-se em conhecimento superior.

Trabalho no tempo dissolve o peso de quaisquer preocupações, mas tempo sem trabalho cria fardos de tédio, sempre difíceis de carregar.

Um tipo comum de verdadeira infelicidade é dispor de tempo para acreditar-se infeliz.

Se você aproveitar o tempo a fim de melhorar-se, o tempo aproveitará você para realizar maravilhas.

Observe quanto serviço se pode efetuar em meia hora.

Quem diz que o tempo traz apenas desilusões, é que não tem feito outra cousa senão iludir-se.

22
Perguntas

Observe as próprias indagações, antes de formulá-las, adotando o silêncio sempre que não tiverem finalidade justa.

Valiosa demonstração de entendimento e de afeto visitar amigos ou recebê-los sem perguntas quaisquer.

Ampare quantos lhes compartilham a vida, sem vascolejar-lhes o coração com interrogatórios desnecessários.

Arrede da boca as inquirições sem proveito sobre a família do próximo.

Não faça questionários quanto à vida íntima de ninguém.

Entretecer apontamentos sem necessidade, com relação à idade física de alguém, não é apenas falta de tato e gentileza, mas também ausência de caridade e de educação.

Se você nutre realmente amizade por essa ou aquela pessoa, sem qualquer expectativa de tomar-lhe a companhia para a convivência mais íntima, aceite-a tal qual é sem pedir-lhe certidão do estado civil em que se encontra.

Indiscrição, leviandade, curiosidade vazia ou malícia afastam de quem as cultiva as melhores oportunidades de elevação e progresso.

O amor verdadeiro auxilia sem perguntar.

Respeite as necessidades e provações dos outros para que os outros respeitem as suas provações e necessidades.

23
Melindres

Não permita que suscetibilidades lhe conturbem o coração.

Dê aos outros a liberdade de pensar, tanto quanto você é livre para pensar como deseja.

Cada pessoa vê os problemas da vida em ângulo diferente.

Muita vez, uma opinião diversa da sua pode ser de grande auxílio em sua experiência ou negócio, se você se dispuser a estudá-la.

Melindres arrasam as melhores plantações de amizade.

Quem reclama, agrava as dificuldades.

Não cultive ressentimentos.

Melindrar-se é um modo de perder as melhores situações.

Não se aborreça, coopere.

Quem vive de se ferir, acaba na condição de espinheiro.

24

Desejos

Desejo é realização antecipada.

Querendo, mentalizamos; mentalizando, agimos; agindo, atraímos; e atraindo, realizamos.

Como você pensa, você crê, e como você crê, será.

Cada um tem hoje o que desejou ontem e terá amanhã o que deseja hoje.

Campo de desejo, no terreno do espírito, é semelhante ao campo de cultura na gleba do mundo, na qual cada lavrador é livre na sementeira e responsável na colheita.

O tempo que o malfeitor gastou para agir em oposição à Lei, é igual ao tempo que o santo despendeu para trabalhar sublimando a vida.

Todo desejo, na essência, é uma entidade tomando a forma correspondente.

A vida é sempre o resultado de nossa própria escolha.

O pensamento é vivo e depois de agir sobre o objetivo a que se endereça, reage sobre a criatura que o emitiu, tanto em relação ao bem quanto ao mal.

A sentença de Jesus: "procura e acharás" equivale a dizer: "encontrarás o que desejas".

25
Preocupações

Não se aflija por antecipação, porquanto é possível que a vida resolva o seu problema, ainda hoje, sem qualquer esforço de sua parte.

Não é a preocupação que aniquila a pessoa e sim a preocupação em virtude da preocupação.

Antes das suas dificuldades de agora, você já faceou inúmeras outras e já se livrou de todas elas, com o auxílio invisível de Deus.

Uma pessoa ocupada em servir nunca se dispõe de tempo para comentar injúria ou ingratidão.

Disse um notável filósofo: "uma criatura irritada está sempre cheia de veneno", e podemos acrescentar: "e de enfermidade também".

Trabalhe antes, durante e depois de qualquer crise e o trabalho garantirá sua paz.

Conte as bênçãos que lhe enriquecem a vida, em anotando os males que porventura lhe visitem o coração, para reconhecer o saldo imenso de vantagens a seu favor.

Geralmente, o mal é o bem mal-interpretado.

Em qualquer fracasso, compreenda que se você pode trabalhar, pode igualmente servir, e quem pode servir carrega consigo um tesouro nas mãos.

Por maior que lhe seja o fardo do sofrimento, lembre-se de que Deus, que agüentou com você ontem, agüentará também hoje.

26
Em torno da felicidade

Em matéria de felicidade convém não esquecer que nos transformamos sempre naquilo que amamos.

Quem se aceita como é, doando de si à vida o melhor que tem, caminha mais facilmente para ser feliz como espera ser.

A nossa felicidade será naturalmente proporcional em relação à felicidade que fizermos para os outros.

A alegria do próximo começa muitas vezes no sorriso que você lhe queira dar.

*A felicidade pode exibir-se, passear, falar e comunicar-se na vida externa, mas reside com endereço exato na consciência tranqüila.

Se você aspira ser feliz e traz ainda consigo determinados complexos de culpa, comece a desejar a própria libertação, abraçando no trabalho em favor dos semelhantes o processo de reparação desse ou daquele dano que você haja causado em prejuízo de alguém.

Estude a si mesmo, observando que o autoconhecimento traz humildade e sem humildade é impossível ser feliz.

Amor é a força da vida e trabalho vinculado ao amor é a usina geradora da felicidade.

Se você parar de se lamentar, notará que a felicidade está chamando o seu coração para vida nova.

Quando o céu estiver em cinza, a derramar-se em chuva, medite na colheita farta que chegará do campo e na beleza das flores que surgirão no jardim.

27

Perante os outros

Nunca desestime a importância dos outros.

Freqüentemente só pensamos na crítica com que os outros nos possam alvejar, esquecendo-nos de que é igualmente dos outros que recebemos a força para viver.

O auxílio ao próximo é o seu melhor investimento.

Valorize os outros, a fim de que os outros valorizem você.

Pense nos outros, não em termos de angelitude ou perversidade, mas na condição de seres humanos com necessidades e sonhos, problemas e lutas semelhantes aos seus.

Se a solidão valesse, as Leis de Deus não fariam o seu nascimento na Terra entre duas criaturas, convertendo você em terceira pessoa para construir um grupo maior.

28
Modos desagradáveis

Manejar portas a pancadas ou pontapés.

Arrastar móveis com estrondo sem necessidade.

Censurar os pratos servidos à mesa.

Sentar-se desgovernadamente.

Assoar-se e examinar os resíduos recolhidos no lenço, junto dos outros, esquecendo que isso é mais fácil no banheiro mais próximo.

Bocejar ruidosamente enquanto alguém está com a palavra.

Falar como quem agride.

Efusões afetivas exageradas, em público.

Interromper a conversação alheia.

Não nos esqueçamos de que a gentileza e o respeito, no trato pessoal, também significam caridade.

29
Temas importunos

Doenças.

Crimes.

Intrigas.

Crítica.

Sarcasmo.

Contendas domésticas.

Desajustes alheios.

Conflitos sexuais.

Divórcios.

Notas deprimentes com referência aos irmãos considerados estrangeiros.

Racismo.

Preconceitos raciais.

Divergências políticas.

Atritos religiosos.

Auto-elogio.

Carestia da vida.

Males pessoais.

Lamentações.

Comparações pejorativas.

Recordações infelizes.

Reprovação a serviços públicos.

Escândalos.

Infidelidade conjugal.

Pornografia.

Comentários desprimorosos quanto à casa dos outros.

Anedotário inconveniente.

Histórias chulas.

Certamente não existem assuntos indignos da palavra e todos eles podem ser motivo de entendimento e de educação, mas sempre que os temas importunos ou difíceis forem lembrados, em qualquer conversação, o equilíbrio e a prudência devem ser chamados ao verbo em manifestação, para que o respeito aos outros não se mostre ferido.

30
Auxílios sempre possíveis

Sem quaisquer recursos especiais, você dispõe do poder de renovar e reerguer a própria vida.

Você pode ainda e sempre:

- avivar o clarão da alegria onde a provação esteja furtando a tranqüilidade;

- atear o calor do bom-ânimo onde a coragem desfaleça;
- entretecer o ambiente preciso à resignação onde o sofrimento domina;
- elevar a vibração do trabalho onde o desânimo apareça;
- extrair o ouro da bênção entre pedras de condenação e censura;
- colocar a flor da paciência no espinheiro da irritação;
- acender a luz do entendimento e da concórdia, onde surja a treva da ignorância;
- descobrir fontes de generosidade sob as rochas da sovinice;
- preparar o caminho para Jesus nos corações distantes da verdade.

Tudo isso você pode fazer, simplesmente pronunciando as boas palavras da esperança e do amor.

31
Notas breves

Não perca tempo.

Não fuja ao dever.

Respeite os compromissos.

Sirva quanto possa.

Ame intensamente.

Trabalhe com ardor.

Ore com fé.

Fale com bondade.

Não critique.

Observe construindo.

Estude sempre.

Não se queixe.

Plante alegria.

Semeie a paz.

Ajude sem exigências.

Compreenda e beneficie.

Perdoe quaisquer ofensas.

Atenda à pontualidade.

Conserve a consciência tranqüila.

Auxilie generosamente.

Esqueça o mal.

Cultive sinceridade, aceitando-se como é e acolhendo os outros como os outros são, procurando, porém, fazer sempre o melhor ao seu alcance.

32
Presentes

O presente é sempre um sinal de afeto e distinção entre a pessoa que oferece e a que recebe.

Sempre aconselhável escolher o presente de acordo com a profissão ou a condição de quem vai recebê-lo.

Se a sua oferta vem a ser alguma prenda de confecção pessoal, como sejam um quadro ou alguma obra de natureza artística, evite perguntar por ela depois de sua doação ou conduzir pessoas para conhecê-la, criando embaraços em suas relações afetivas.

Omita o valor ou a importância de sua dádiva, deixando semelhante avaliação ao critério dos outros.

Depois de presentear alguém com o seu testemunho de amizade, é sempre justo silenciar referências sobre o assunto para não constranger essa mesma pessoa a quem supõe obsequiar.

Se você deu um presente e a criatura beneficiada passou a sua dádiva para além do círculo pessoal, felicitando outra criatura, não lance reclamações e sim considere as bênçãos da alegria multiplicadas por sua sementeira de fraternidade e de amor.

33
Hábitos infelizes

Usar pornografia ou palavrões, ainda que estejam supostamente na moda.

Pespegar tapinhas ou cutucões a quem se dirija a palavra.

Comentar desfavoravelmente a situação de qualquer pessoa.

Estender boatos e entretecer conversações negativas.

Falar aos gritos.

Rir descontroladamente.

Aplicar franqueza impiedosa a pretexto de honorificar a verdade.

Escavar o passado alheio, prejudicando ou ferindo os outros.

Comparar comunidades e pessoas, espalhando pessimismo e desprestígio.

Fugir da limpeza.

Queixar-se, por sistema, a propósito de tudo e de todos.

Ignorar conveniências e direitos alheios.

Fixar intencionalmente defeitos e cicatrizes do próximo.

Irritar-se por bagatelas.

Indagar de situações e ligações, cujo sentido não possamos penetrar.

Desrespeitar as pessoas com perguntas desnecessárias.

Contar piadas suscetíveis de machucar os sentimentos de quem ouve.

Zombar dos circunstantes ou chicotear os ausentes.

Analisar os problemas sexuais seja de quem seja.

Deitar conhecimentos fora de lugar e condição, pelo prazer de exibir cultura e competência.

Desprestigiar compromissos e horários.

Viver sem método.

Agitar-se a todo instante, comprometendo o serviço alheio e dificultando a execução dos deveres próprios.

Contar vantagens, sob a desculpa de ser melhor que os demais.

Gastar mais do que dispõe.

Aguardar honrarias e privilégios.

Não querer sofrer.

Exigir o bem sem trabalho.

Não saber agüentar injúrias ou críticas.

Não procurar dominar-se, explodindo nos menores contratempos.

Desacreditar serviços e instituições.

Fugir de estudar.

Deixar sempre para amanhã a obrigação que se pode cumprir hoje.

Dramatizar doenças e dissabores.

Discutir sem racionar.

Desprezar adversários e endeusar amigos.

Reclamar dos outros aquilo que nós próprios ainda não conseguimos fazer.

Pedir apoio sem dar cooperação.

Condenar os que não possam pensar por nossa cabeça.

Aceitar deveres e largá-los sem consideração nos ombros alheios.

34

Sugestões no caminho

Lamentar-se por quê?... Aprender sempre, sim.

Cada criatura colherá da vida não só pelo que faz, mas também conforme esteja fazendo aquilo que faz.

Não se engane com falsas apreciações acerca de justiça, porque o tempo é o juiz de todos.

Recorde: tudo recebemos de Deus que nos transforma ou retira isso ou aquilo, segundo as nossas necessidades.

A humildade é um anjo mudo.

Tanto menos você necessite, mais terá.

Amanhã será, sem dúvida, um belo dia, mas para trabalhar e servir, renovar e aprender, hoje é melhor.

Não se iluda com a suposta felicidade daqueles que abandonam os próprios deveres, uma vez que transitoriamente buscam fugir de si próprios como quem se embriaga para debalde esquecer.

O tempo é ouro, mas o serviço é luz.

Só existe um mal a temer: aquele que ainda exista em nós.

Não parar na edificação do bem, nem para colher os louros do espetáculo, nem para contar as pedras do caminho.

A tarefa parece fracassar? Siga adiante, trabalhando, que, muita vez é necessário sofrer, a fim de que Deus nos atenda à renovação.

35
Indagações no cotidiano

Você acredita na vitória do bem, sem que nos disponhamos a trabalhar para isso?

Admite você a sua capacidade de errar a fim de aprender ou, acaso, se julga infalível?

Se estamos positivamente ao lado do bem, que estaremos aguardando para cooperar em benefício dos outros?

Nas horas de crise você se coloca no lugar da pessoa em dificuldade?

E se a criatura enganada pela sombra fosse um de nós?

Se você diz que não perdoa a quem lhe ofende, porventura crê que amanhã não precisará do perdão de alguém?

Você está ajudando a extinguir os males do caminho ou está agravando esses males com atitudes ou palavras inoportunas?

Irritação ou amargura, algum dia, terão rendido paz ou felicidade para você?

Que mais lhe atrai na convivência com o próximo: a carranca negativa ou o sorriso de animação?

Que importa o julgamento menos feliz dos outros a seu respeito, se você traz a consciência tranqüila?

É possível que determinados companheiros nos incomodem presentemente, no entanto, será que temos vivido, até agora, sem incomodar ninguém?

Você acredita que alguém pode achar a felicidade admitindo-se infeliz?

36
Temas da crítica

Procure silenciar onde você não possa prestar auxílio.

A vida dos outros, qual se afirma na expressão, é realmente dos outros e não nossa.

Devo compreender que o erro de outrem, hoje, talvez será o meu amanhã, já que nas trilhas evolutivas da Terra somos ainda portadores da natureza humana.

O tempo que se emprega na crítica pode ser usado em construção.

Toda vez que criticamos alguém, estamos moralmente na obrigação de fazer melhor que esse alguém a tarefa em pauta.

Anote: em qualquer tempo e situação os pontos de vista e as oportunidades, os recursos e os interesses, o sentimento e a educação dos outros são sempre muito diversos dos seus.

Criticar não resolve, porque o trabalho da criatura é que lhe determina o valor.

Quem ama ajuda e desculpa sempre.

Não condene, abençoe.

Lembre-se: por vezes, basta apenas um martelo para arrasar aquilo que os séculos construíram.

37

Em matéria afetiva

Sempre é forçoso muito cuidado no trato com os problemas afetivos dos outros, porque muitas vezes os outros, nem de leve, pensam naquilo que possamos pensar.

Os Espíritos adultos sabem que, por enquanto, na Terra, ninguém pode, em sã consciência, traçar a fronteira entre normalidade e anormalidade, nas questões afetivas de sentido profundo.

Os pregadores de moral rigorista, em assuntos de amor, raramente não caem nas situações que condenam.

Toda pessoa que lesa outra, nos compromissos do coração, está fatalmente lesando a si própria.

Respeite as ligações e as separações, entre as pessoas do seu mundo particular, sem estranheza ou censura, uma vez que você não lhes conhece as razões e processos de origem.

As suas necessidades de alma, na essência, são muito diversas das necessidades alheias.

No que tange a sofrimentos do amor, só Deus sabe onde estão a queda e a vitória.

Jamais brinque com os sentimentos do próximo.

Não assuma deveres afetivos que você não possa ou não queira sustentar.

Amor, em sua existência, será aquilo que você fizer dele.

Você receberá, de retorno, tudo o que der aos outros, segundo a lei que rege os destinos.

Ante os erros do amor, se você nunca errou por emoção, imaginação, intenção ou ação, atire a primeira pedra, conforme recomenda Jesus.

38

Separações

Nas construções do bem, é forçoso contar com a retirada de muitos companheiros e, em muitas ocasiões, até mesmo daqueles que se nos fazem mais estimáveis.

É preciso agüentar a separação, quando necessária, como as árvores toleram a poda.

Erro grave reter conosco um ente amigo que anseia por distância.

Em vários casos, os destinos assemelham-se às estradas que se bifurcam para atender aos desígnios do progresso.

Não servir de constrangimento para ninguém.

Se alguém nos abandona, em meio de empreendimento alusivo à felicidade de todos e se não nos é possível atender à obra, em regime de solidão, a Divina Providência suscita o aparecimento de novos companheiros que se nos associam à luta edificante.

Nunca pedir ou exigir de outrem aquilo que outrem não nos possa dar.

Não menosprezar a quem quer que seja.

Saibamos orar em silêncio, uns pelos outros.

Apenas Deus pode julgar o íntimo de cada um.

39

Questões a meditar

Você dominará sempre as palavras que não disse, entretanto, se subordinará àquelas que pronuncie.

Zele pela tranqüilidade de sua consciência, sem descurar de sua apresentação exterior.

No que se refere à alimentação, é importante recordar a afirmativa dos antigos romanos: "há homens que cavam a sepultura com a própria boca".

Tanto quanto possível, em qualquer obrigação a cumprir, esteja presente, pelo menos dez minutos antes, no lugar do compromisso a que você deve atender.

A inação entorpece qualquer faculdade.

O sorriso espontâneo é uma bênção atraindo outras bênçãos.

Servir, além do próprio dever, não é bajular e sim ganhar segurança.

Cada pessoa a quem você presta auxílio, é mais uma chave na solução de seus problemas.

É natural que você faça invejosos, mas não inimigos.

Cada boa ação que você pratica, é uma luz que você acende, em torno dos próprios passos.

Quem fala menos ouve melhor, e quem ouve melhor aprende mais.

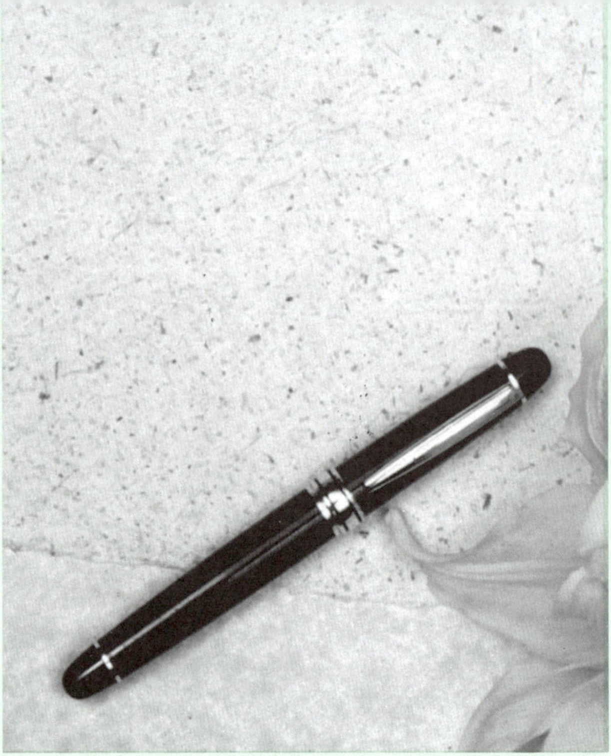

40
Correspondência

Cultive brevidade e precisão, em seu noticiário, sem cair na secura.

Uma carta é um retrato espiritual de quem a escreve.

Cuidaremos de escrita bem traçada, porquanto não nos será lícito transformar os amigos em decifradores de hieróglifos.

Não escrever cartas em momentos de crise ou de excitação.

Sempre que possível, as nossas notícias devem ser mensageiras de paz e otimismo, esperança e alegria.

Escreva construindo.

Uma carta que saia de seu punho é você conversando.

Qualquer assunto pode ser tratado com altura e benevolência.

Quando você não possa grafar boas referências em relação à determinada pessoa, vale mais silenciar quanto a ela.

Somos responsáveis pelas imagens que criamos na mente dos outros, não apenas através do que falarmos, mas igualmente através de tudo aquilo que escrevermos.

41

Reuniões sociais

A reunião social numa instituição ou no lar, deve sempre revestir-se do espírito de comunhão fraterna.

Sempre que o espinho da maledicência repontar nas flores do entendimento amigo, procure isolá-lo em algodão de bondade, sem desrespeitar os ausentes e sem ferir aos que falam.

As referências nobres sobre pessoas, acontecimentos, circunstâncias e cousas são sempre indícios de lealdade e elegância moral.

Ignore, em qualquer agrupamento, quaisquer frases depreciativas que sejam dirigidas a você, direta ou indiretamente.

Evite chistes e anedotas que ultrapassem as fronteiras da respeitabilidade.

Ante uma pessoa que nos esteja fazendo o favor de discorrer sobre assuntos edificantes, não cochiche nem boceje, que semelhantes atitudes expressam ausência de gabarito para os temas em foco.

Nunca desaponte os demais, retirando-se do recinto em que determinados companheiros estão com a responsabilidade da palavra ou com o encargo de executar esse ou aquele número artístico.

As manifestações de oratória, ensinamento, edificação ou arte exigem acatamento e silêncio.

Jamais rir ou fazer rir, fora de propósito, nas reuniões de caráter sério.

Aproveitar-se, cada um de nós, dos entendimentos sociais para construir e auxiliar, doando aos outros o *melhor de nós* para que o *melhor dos outros* venha ao nosso encontro.

42
Festas

Todos os motivos para festas dignas são respeitáveis, entretanto, a caridade é a mais elevada de todas as razões para qualquer festa digna.

Ninguém há que não possa pagar pequena parcela para a realização dessa ou daquela empresa festiva, destinada à sustentação de boas obras.

Sempre que possível, além da sua quota de participação num ato festivo, com fins assistenciais, é importante que você coopere na venda de, pelo menos, cinco ingressos, no campo de seus amigos, a benefício do empreendimento.

Mesmo que não possa comparecer numa festa de caridade, não deixe de prestar a sua contribuição.

Festejar dignamente, em torno da fraternidade humana, para ajudar o próximo, é uma das mais belas formas de auxílio.

Se você não dança, não é aconselhável o seu comparecimento num baile.

Nos encontros esportivos, é melhor ficar a distância se você ainda não sabe perder.

Se você possui dons artísticos quanto puder, colabore, gratuitamente, no trabalho que se efetue, em auxílio ao próximo.

Nas comemorações de aniversário, nunca pergunte quantos anos tem o aniversariante, nem vasculhe a significação das velas postas no bolo tradicional.

Conduza o empreendimento festivo, sob a sua responsabilidade, para o melhor proveito, em matéria de educação e solidariedade que sempre se pode extrair do convívio social.

Aprendamos a não criticar a alegria dos outros.

43
Divergências

Lembre-se de que as outras pessoas são diferentes e, por isso mesmo, guardam maneiras próprias de agir.

Esclarecer à base de entendimento fraterno, sim, polemizar, não.

Antagonizar sistematicamente é um processo exato de angariar aversões.

Você pode claramente discordar sem ofender, desde que fale apreciando os direitos do opositor.

Afaste as palavras agressivas do seu vocabulário.

Tanto quanto nos acontece, os outros querem ser *eles mesmos* na desincumbência dos compromissos que assumem.

Existem inúmeros meios de auxiliar sem ferir.

Geralmente, nunca se discute com estranhos e sim com as pessoas queridas; visto isso, valeria a pena atormentar aqueles com quem nos cabe viver em paz?

Aprendamos a ceder em qualquer problema secundário, para sermos fiéis às realidades essenciais.

Se alguém diz que a pedra é madeira, é justo se lhe acate o modo de crer, mas se alguém toma a pedra ou a madeira para ferir a outrem, é importante argumentar quanto à impropriedade do gesto insano.

44

Hóspedes

Convite é responsabilidade para quem o formula.

O hóspede receberá o tratamento que se dispensa à família.

Nenhum amigo, por mais íntimo, tomará a liberdade de chegar à residência dos anfitriões, a fim de hospedar-se com eles, sem aviso.

Se a pessoa não é convidada a hospedar-se com esse ou aquele companheiro e precisa valer-se da moradia deles para certos fins, mesmo a curto prazo, não deve fazer isso sem consulta prévia.

Se alguém procura saber de alguém, quanto à possibilidade de hospedagem e não recebe resposta, procederá corretamente, buscando um hotel, uma vez que o amigo consultado talvez tenha dificuldades, em casa, que, de pronto, não possa resolver.

Um hóspede para ser educado não entra nos desacordos da família ou do grupo que o acolhe.

Em casa alheia, necessitamos naturalmente respeitar os horários e hábitos dos anfitriões, evitando interferir em assuntos de cozinha e arranjos domésticos, embora seja obrigação trazer o quarto de dormir tão organizado e tão limpo, quanto possível.

Grande mostra de educação acatar os pontos de vista das pessoas amigas, na residência delas.

Na moradia dos outros, é imperioso ocupar banheiros pelo mínimo de tempo, para que não se estrague a vida de quem nos oferece acolhimento.

Fugir de apontamentos e relatos inconvenientes à mesa, principalmente na hora das refeições.

O hóspede não se intrometerá em conversações caseiras que não lhe digam respeito.

Justo gratificar, dentro das possibilidades próprias, aos irmãos empregados nas residências que nos hospedam, já que eles não têm obrigação de nos servir.

45

Perante o sexo

Nunca escarneça do sexo, porque o sexo é manancial de criação divina, que não pode se responsabilizar pelos abusos daqueles que o deslustram.

Psicologicamente, cada pessoa conserva, em matéria de sexo, problemática diferente.

Em qualquer área do sexo, reflita antes de se comprometer, uma vez que a palavra empenhada gera vínculos no espírito.

Não tente padronizar as necessidades afetivas dos outros por suas necessidades afetivas, porquanto embora o amor seja luz uniforme e sublime em todos, o entendimento e posição do amor se graduam de mil modos na senda evolutiva.

Use a consciência, sempre que se decidir ao emprego de suas faculdades genésicas, imunizando-se contra os males da culpa.

Em toda comunicação afetiva, recorde a regra áurea: “não faça a outrem o que não deseja que outrem lhe faça”.

O trabalho digno que lhe assegure a própria subsistência é sólida garantia contra a prostituição.

Não arme ciladas para ninguém, notadamente nos caminhos do afeto, porque você se precipitará dentro delas.

Não queira a sua felicidade ao preço do alheio infortúnio, porque todo desequilíbrio da afeição desvairada será corrigido, à custa da afeição torturada, através da reencarnação.

Se alguém errou na experiência sexual, consulte o próprio íntimo e verifique se você não teria incorrido no mesmo erro se tivesse oportunidade.

Não julgue os supostos desajustamentos ou as falhas reconhecidas do sexo e sim respeite as manifestações sexuais do próximo, tanto quanto você pede respeito para aquelas que lhe caracterizam a existência, considerando que a comunhão sexual é sempre assunto íntimo entre duas pessoas, e, vendo duas pessoas unidas, você nunca pode afirmar com certeza o que fazem; e, se a denúncia quanto à vida sexual de alguém é formulada por parceiro ou parceira desse alguém, é possível que o denunciante seja mais culpado quanto aos erros havidos, uma vez que, para saber tanto acerca da pessoa apontada ao escárnio público, terá compartilhado das mesmas experiências.

Em todos os desafios e problemas do sexo, cultive a misericórdia para com os outros, recordando que, nos domínios do apoio pela compreensão, se hoje é o seu dia de dar, é possível que amanhã seja o seu dia de receber.

46
Visitas fraternas

Visita é um ato de fraternidade, do qual não convém abusar com furto de tempo ou comentário inconveniente.

Sempre que possível, a visita será marcada com antecedência, a fim de que não se sacrifique aqueles que a recebem.

A pessoa que visita outra, pelo prazer da amizade ou da cortesia, não necessitará, para isso, de tempo acima de quinze ou vinte minutos, competindo aos anfitriões prolongar esse tempo, insistindo para que o visitante ou visitantes não se retirem.

Entre os que se reencontram, haverá espontaneamente bastante consideração para que não surjam lembranças desagradáveis, de parte a parte.

Nunca abusar do amigo que visita, solicitando-lhe serviço profissional fora de lugar ou de tempo, como quem organiza emboscada afetiva.

Não se aproveitar dos minutos de gentileza, no trato social, para formular conselhos que não foram pedidos.

Calar impressões de viagem ou dados autobiográficos, sempre que não sejam solicitados pelos circunstantes.

Evitar críticas, quaisquer que sejam.

Silenciar perguntas capazes de constranger os anfitriões.

Nunca deitar olhadelas para os lados, à maneira de quem procura motivos para censura ou maledicência.

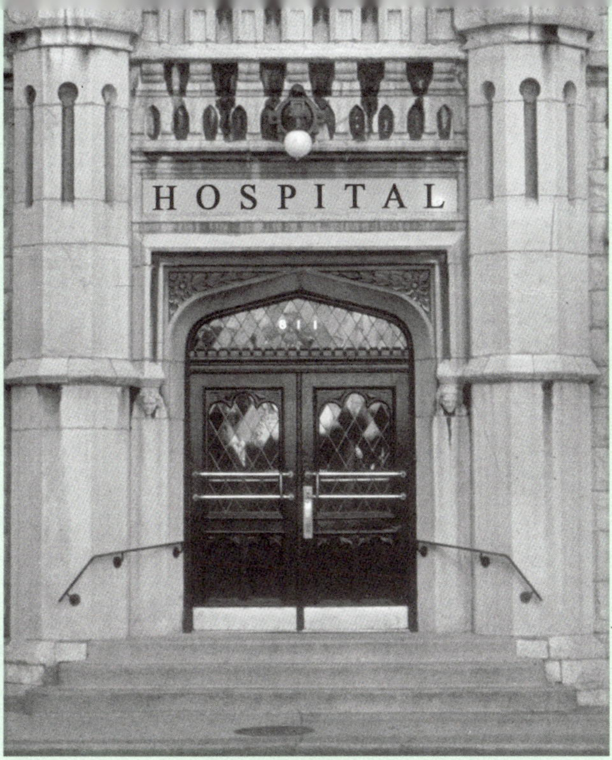

47
Visitação a doentes

A visita ao doente pede tato e compreensão.

Abster-se de dar a mão ao enfermo quando a pessoa for admitida à presença dele, com exceção dos casos em que seja ele quem tome a iniciativa.

Se o visitante não é chamado espontaneamente para ver o doente, não insistirá nisso, aceitando tacitamente os motivos imanifestos que lhe obstam semelhante contato.

Toda conversa ao pé de um doente, exige controle e seleção.

Evitar narrações ao redor de moléstias, sintomas, padecimentos alheios e acontecimentos desagradáveis.

Um cartão fraterno ou algumas flores, substituindo a presença, na hipótese de visitação repetida, em tratamentos prolongados, constituem mananciais de vibrações construtivas.

Conquanto a oração seja bênção providencial, em todas as ocasiões, o tipo de assistência médica, em favor desse ou daquele enfermo, solicita apreço e acatamento.

Nunca usar voz muito alta em hospital ou em quarto de enfermo.

Por mais grave o estado orgânico de um doente, não se lhe impor vaticínios acerca da morte, porquanto ninguém, na Terra, possui recursos para medir a resistência de alguém, e, para cada agonizante que desencarna, funciona a Misericórdia de Deus, na Vida Maior, através de Espíritos Benevolentes e Sábios que dosam a verdade em amor, em benefício dos irmãos que se transferem de plano.

Toda visita a um doente – quanto seja simplesmente visita –, deve ser curta.

48
Imprevistos durante visitas

No curso de visita determinada, calar quaisquer apontamentos ou perguntas, quando os anfitriões estiverem recebendo correspondência.

Ante uma discussão, absolutamente inesperada entre familiares, guardar discrição e respeito.

Nunca prorromper em gritos ou exclamações se um inseto ou algum pequeno animal surge à vista.

Conservar calma sem interferência, toda vez que uma criança da moradia visitada entre a receber essa ou aquela repreensão dos adultos.

Abster-se de comentar negativamente os pequeninos desastres caseiros, como sejam a queda de alguém ou a louça quebrada.

Se aparecerem outras visitas, mesmo em se tratando de pessoas com as quais não nos achemos perfeitamente afinados, não nos despedirmos abruptamente e sim permanecer mais algum tempo, no recinto doméstico em que estejamos, testemunhando cordialidade e acatamento.

Vendo pessoas que nos sejam desconhecidas ou que ainda não nos foram apresentadas, no lar que nos acolhe, jamais formular indagações, quais estas: "Quem é este?", "Quem é ela?", "É pessoa de sua família?", "Que faz aqui?" ou "Será que já conheço essa criatura?".

Se os donos da casa estão prontos para sair, no justo momento de nossa chegada, devemos renunciar ao prazer de visitá-los, deixando-os em liberdade.

Quem visita, deve sempre levar consigo otimismo e compreensão para serem usados em qualquer circunstância.

49
Na assistência social

Aproximar-se do assistido, encontrando nele uma criatura humana, tão humana e tão digna de estima quanto os nossos entes mais caros.

Em tempo algum, agir sobrepondo instruções profissionais aos princípios da caridade genuína.

Amparar sem alardear superioridade.

Compreender que todos somos necessitados dessa ou daquela espécie, perante Deus e diante uns dos outros.

Colocar-nos na situação difícil de quem recebe socorro.

Dar atenção à fala dos companheiros em privação, ouvindo-os com afetuosa paciência, sem fazer simultaneamente outra cousa e sem interrompê-los com indagações descabidas.

Calar toda observação desapiedada ou deprimente diante dos que sofrem, tanto quanto sabemos silenciar sarcasmo e azedume junto das criaturas amadas.

Confortar os necessitados sem exigir-lhes mudanças imediatas.

Ajudar os assistidos a serem independentes de nós.

Respeitar as idéias e opiniões de quantos pretendemos auxiliar.

Nunca subordinar a prestação de serviço ou benefício à aceitação dos pontos de vista que nos sejam pessoais.

Conservar discrição e respeito ao lado dos companheiros em pauperismo ou sofrimento, sem traçar comentários desprimorosos em torno deles, quando a visita for encerrada.

50

Ante a oração

Acatemos na oração a presença da luz que nos descortina a estrada para a Vida Superior, sem nos prevalecer dela, a fim de queixar-nos de outrem ou espancar verbalmente seja a quem seja, quando a nossa comunhão com Deus e com a Espiritualidade Superior não seja possível em lugar à parte, no silêncio do coração, conforme a recomendação de Jesus.

LIVROS DA PATRÍCIA

Best-seller

Violetas na janela

O livro espírita de maior sucesso dos últimos tempos – 1,3 milhão de exemplares vendidos! Você também vai se emocionar com este livro incrível. Patrícia – que desencarnou aos 19 anos – escreve do outro lado da vida, desvendando os mistérios do mundo espiritual.

Vivendo no mundo dos espíritos

Depois de nos deslumbrar com *Violetas na janela*, Patrícia nos leva a conhecer um pouco mais do mundo dos espíritos, as colônias, os postos de socorro, o umbral e muito mais informações que descobrimos acompanhando-a nessa incrível viagem.

A casa do escritor

Patrícia, neste livro, leva-nos a conhecer uma colônia muito especial: A Casa do Escritor. Nesta colônia estudam espíritos que são preparados para, no futuro, serem médiuns ou escritores. Mostra-nos ainda a grande influência dos espíritos sobre os escritores.

O vôo da gaivota

Nesta história, Patrícia nos mostra o triste destino daqueles que se envolvem no trágico mundo das drogas, do suicídio e dos vícios em geral. Retrata também o poder do amor em benefício dos que sofrem.

Psicografados por Vera Lúcia Marinzeck de Carvalho

Leia e divulgue!
À venda nas boas livrarias espíritas e não-espíritas

Romances de
Antônio Carlos

Psicografados por Vera Lúcia Marinzeck de Carvalho

Por que comigo?

O primeiro filho de Mário é um lindo menino. Instantes depois do seu nascimento, Mário sentiu o mundo desabar sobre sua cabeça: "Por que meu filho nasceu assim? Por que comigo?" O que fazer? Por que Deus permite que crianças nessa condição venham ao mundo? O que fizeram seus pais para merecê-las?

Aqueles que amam

Acompanhe a trajetória de duas famílias de imigrantes que vêm para o Brasil colônia em busca de uma vida melhor. Conheça a vida na fazenda, a luta contra a escravidão e o encontro de velhos inimigos de vidas passadas.

Cativos e libertos

Jorge, ao retornar de Paris, onde foi terminar os estudos, encontra seu lar tumultuado. Seu pai havia falecido e o irmão foi assassinado justamente no momento de sua chegada. No entanto, Jorge continua a acalentar sonhos abolicionistas... Não deixe de ler!

Novamente juntos

O que há por trás de encontros inusitados, de almas que de repente se encontram, se apaixonam e decidem compartilhar sonhos, alegrias e desventuras? Um livro surpreendente, para quem gosta de um belo romance.

Leia e recomende!

À venda nas boas livrarias espíritas e não-espíritas

Livros de **Alceu Costa Filho**

Nas margens do grande rio

Romance do Espírito Xisto Vinheiros

Anselmo e Eulália vivem às margens do Rio Araguaia. Na fazenda, espíritos conspiram com perversas intenções de vingança.

Entre amigos

Ditado pelo Espírito Filipe

No plano invisível do centro espírita, acontecimentos envolvem os que ali se encontram, beneficiados pelo trabalho de espíritos benfeitores.

Ao entardecer de uma existência

Ditado pelo Espírito Cornélio Pires

Sentindo-se abandonado e inútil, Francisco vive de recordações. Um visitante espírita, Luiz, vai ganhar sua amizade e auxiliá-lo a mudar sua vida.

À sombra da luz

Ditado pelo Espírito Filipe

O Espírito Filipe e seus caravaneiros instalam, na tenebrosa região dominada por Ponciano, um posto avançado, o "Luz", para socorrer almas arrependidas.

Do amor nasce o perdão

Romance do Espírito Xisto Vinheiros

Depois de várias encarnações, unidos pela ambição, Getúlio e Sérgio lutam contra os desafetos do passado.

O diário de Sofia

Narrado pelo Espírito Nina Arueira

Entre a vida e a morte, Sofia vive uma experiência fantástica. Hospitalizada, ela vai adentrar a uma nova realidade: a vida espiritual.

Leia e recomende!

À venda nas livrarias espíritas e não-espíritas

Livros de **José Carlos De Lucca**

Atitudes para vencer

O sucesso depende de nossas atitudes! Não perca tempo: tudo pode ser muito melhor do que você imagina! *Atitudes para vencer* é um livro que sugere, explica e exemplifica ações que vão mudar sua vida.

Olho mágico

Descubra que nem sempre o que enxergamos é a realidade. José Carlos De Lucca ajuda-nos a encontrar soluções para nossas dificuldades por meio de histórias, comentários e sugestões práticas.

Com os olhos do coração

A harmonia entre os familiares no relacionamento doméstico é o alicerce da vida feliz! Para quem deseja entender e superar os desentendimentos é uma excelente oportunidade para conquistar uma vida melhor.

Para o dia nascer feliz

Sugestões práticas para superar dificuldades e vencer a incerteza, o desânimo e a depressão. Verdadeira investida na direção da felicidade, apresenta ao leitor valiosa coletânea de recomendações.

Justiça além da vida

Desde menino Mario sonha em ser delegado de Polícia. Um dia, um incidente o leva a conhecer a doutora Lúcia, ao lado de quem vai viver grandes emoções e enfrentar a corrupção, deste e do outro lado da vida.

Sem medo de ser feliz

Um verdadeiro *best-seller*: 87 mil exemplares vendidos. Diálogo aberto com o leitor, sugere – sem impor regras – como direcionar a força interior para atrair a felicidade. Leitura fácil e envolvente.

Leia e recomende!
À venda nas livrarias espíritas e não-espíritas

Livros de EURÍPEDES KÜHL

Livros que informam, esclarecem, emocionam e proporcionam momentos de paz!

150 anos de Allan Kardec

Facilita o entendimento do Espiritismo. Eurípedes Kühl – médium, pesquisador, escritor e palestrante requisitado – resume e comenta *O Livro dos Espíritos*, de Allan Kardec, demonstrando a atualidade dessa obra básica.

Uma partida de amor

Romance do Espírito Josué

Desejando vingar-se, Leônidas – um exímio jogador de xadrez – é conduzido, durante o sono, a uma tenebrosa região do umbral.

Saara: Palco de redenção

Nas areias do Deserto do Saara, o encontro de almas divididas por crenças religiosas. Enfrentando-se em lutas que se prolongam muito além da vida material, sofrem o terrível calor, a sede, a falta de recursos e a ferocidade de espíritos que desconhecem o bem.

Animais, nossos irmãos

Animais têm alma? Eles reencarnam? Eles têm carma? E emoções? Estas e muitas outras questões você encontrará neste livro.

Infidelidade e perdão

Romance do espírito Josué

Infidelidade: a vida implode em alicerces de paixões, deixando os envolvidos em escombros. Um alerta do Espiritismo para aqueles que se deixam levar pelas aparências.

Sempre há uma esperança

Romance do espírito Roboels

Karen quer subir na vida a qualquer custo, nem que para isso tenha de pisar em outros. Um romance esclarecedor!

Se você quiser conhecer todos os nossos títulos, e se interessar em receber um catálogo, sem compromisso, envie seus dados para Caixa Postal: 67545 – Ag. Almeida Lima – CEP 03102-970 – São Paulo – SP ou se preferir via e-mail: petit@petit.com.br

petit